ÍNDICE

Sobre o autor.. 2

Introdução 4

CAPTAÇÃO DE ALUNOS.. 6

O início 7

O primeiro desafio 10

O início do digital 14

Trazendo o online para o offline.. 16

Captação de alunos novos: matrículas todos os dias 17

O poder do *WhatsApp* 23

RETENÇÃO DE ALUNOS - A IMPORTÂNCIA DA REMATRÍCULA 25

Retenção de Alunos em Polos de EAD e Faculdades 30

INADIMPLÊNCIA – O VILÃO DAS INSTITUIÇÕES EDUCACIONAIS............................ 32

E AGORA? 36

Sobre o Autor

Caso você seja da área
educacional, é provável que
você já me conheça. O meu
nome é Ricardo Althoff e estou
há mais de 22 anos no mercado
educacional, como palestrante,
gestor educacional, diretor do

Colégio Energia Barreiros, CEO do Seu Professor Empreendedor &
Negócios e Gestor do Projeto *Social-Educacional Quero Terminar
meus Estudos*, ex-reitor da Faculdade Catarinense Dom Bosco, ex-
diretor da ETESC – Escola Técnica Santa Catarina.

+de 500 mil
Matrículas
Captadas

Em minha vasta experiência, tive a oportunidade de enfrentar as mais
diversas situações; então, tenho a capacidade hoje, de disponibilizar
a você vários atalhos e estratégias que podem ser aplicadas em sua

Instituição de Ensino. Um dos mais importantes conhecimentos adquiridos foi obtido por ter atingido a marca de **500.000 captações de matrículas** nesse período.

Outra questão valiosíssima refere-se à **retenção de alunos já matriculados**, tema que estudei muito e tive a oportunidade de aplicar vários testes do tipo A/ B para descobrir, definitivamente, a melhor tática para evitar que os alunos troquem de estabelecimento de ensino.

O terceiro item a ser tratado neste livro será a **inadimplência**, considerada por muitos gestores como um tumor que corrói a saúde econômica das instituições de ensino e as coloca em uma delicada posição de vulnerabilidade mercadológica e financeira.

O domínio destes três assuntos: captação de matrículas, retenção de alunos e gestão da inadimplência, são imprescindíveis para o sucesso de toda instituição de ensino.

Introdução

É importante esclarecer a que tipo de público esta obra está destinada, pois, em geral, farei referências genéricas aos termos "instituição de ensino", "estabelecimento de ensino" ou "escola". Saiba que qualquer um desses termos está relacionado com organizações, pessoas ou empresas ligadas às seguintes áreas:

o Escola de Ensino Infantil;

o Escola de Ensino Fundamental;

o Escola de Ensino Médio;

o Escola de Língua Estrangeira;

o Escola de Informática;

o Polo de EAD;

o Faculdade;

o Cursos Técnicos;

o Curso Pré-Vestibular;

o Curso Preparatório para o ENEM;

o Curso Preparatório para o ENCCEJA;

o Escola de EJA,

o Curso Preparatório para a OAB,

o Curso de Comissários,

o Cursos Livres em geral.

Ou seja, se você é, ou pretende ser, um gestor de alguma instituição de área mencionada anteriormente, então esta obra é destinada ao seu aprimoramento.

Imagine o cenário em que você é capaz de resolver as principais dores de sua escola.

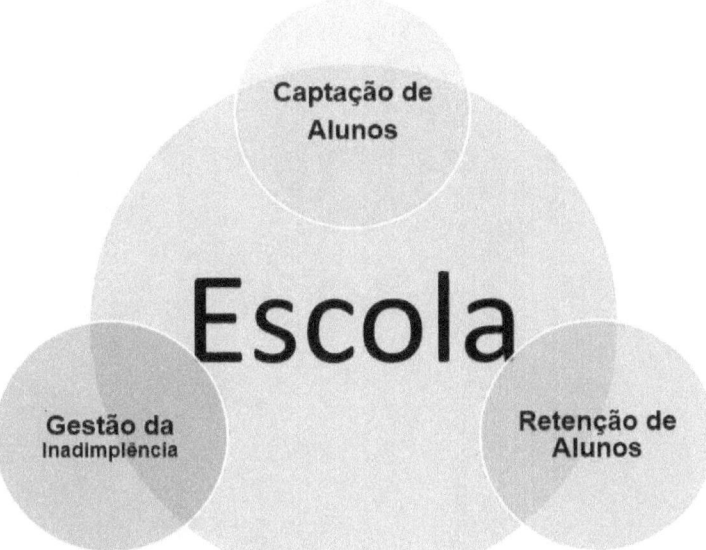

CAPTAÇÃO DE ALUNOS

É um dos pilares de uma escola saudável; talvez o principal! Porém, antes de colocarmos a mão-na-massa, vou explicar um pouco da minha história e a forma com que o nosso método foi concebido.

O Início

Foi através da implantação de um curso pré-vestibular, no longínquo ano de 1997, que iniciei no ramo educacional. O desafio era grande, mas conseguimos, com muito trabalho, matricular 150 alunos; uma façanha que poucos acreditavam que seria possível.

O planejamento da operacionalização do curso foi iniciado no ano anterior, ocasião em que eu e o meu sócio fizemos um detalhado Plano de Negócios. Ao fazermos a análise, meu sócio e eu verificamos que o empreendimento seria viável e promissor, porém nos faltava um importante ingrediente: dinheiro!

Era imprescindível que tivéssemos uma quantia considerável para a montagem da empresa, que seria investido em obras, mobiliário, locação antecipada, marketing, equipamentos e capital de giro para os primeiros meses de funcionamento. É verdade que não tínhamos recursos, mas dispúnhamos de crédito e de um Plano de Negócios bastante promissor.

Então, descobrimos que um banco regional de fomento tinha uma linha de crédito para pequenos negócios, e buscamos o nosso enquadramento ao projeto do banco. Não foi fácil, mas a consistência do nosso Plano de Negócios, aliada ao nosso trabalho diário de conversar com todos os funcionários do banco envolvidos na aprovação do projeto, fez com que o empréstimo fosse aprovado e o valor liberado.

Naquele momento do recebimento do empréstimo, caiu a ficha da grande responsabilidade que estávamos assumindo, pois, se nosso pré-vestibular fracassasse, o nosso bem mais precioso seria manchado: nosso nome.

Lembro-me, com muita nitidez, que muitas pessoas próximas nos procuravam para nos "aconselhar" com frases como *"vocês são loucos em montar um curso pré-vestibular e competir com os grandões"*, referindo-se à grande quantidade de cursos pré-vestibulares com muitos alunos que existiam na cidade. Comentários assim, geravam ainda mais pressão para que fizéssemos tudo dar certo. Olhando em retrospecto, apesar de termos sido bem sucedidos e conquistado nossos primeiros 150 alunos, penso que, se eu tivesse este livro a minha disposição, poderia ter atingido o triplo de matrículas.

Nosso curso foi muito bem-sucedido nos primeiros anos e sempre estávamos antenados às inovações de cada época no mercado educacional, frequentando feiras e congressos educacionais. Apesar de estarmos apenas com o pré-vestibular, nossa meta era que nos tornássemos uma escola de Ensino Fundamental e Médio.

O Primeiro Desafio

Uma atitude que sempre tenho é valorizar o *networking*, pois às vezes, dos lugares mais inesperados podem vir as melhores oportunidades. Em 1998, eu frequentava um restaurante regularmente enquanto atuava na gestão do pré-vestibular. O dono do restaurante era uma pessoa não somente expansiva, mas também curiosa e sempre nos abordava para conversas dos mais variados assuntos, porém sempre se mostrando interessado na nossa intenção em expandir nosso curso.

Depois de alguns meses de muita conversa, ele nos explicou que também atuava como corretor de imóveis e informou que tinha, em sua carteira, um imóvel de 4.000 metros quadrados, com enorme potencial para se transformar em uma escola e que existiria a possibilidade de um contrato nos moldes que buscávamos.

Nosso interesse foi imediato e, após verificar que o ambiente era adequado, iniciamos as negociações, que foram bastantes objetivas e até rápidas; em pouquíssimo tempo, assinamos o contrato. Diante dessa assinatura, iniciamos o planejamento das obras e produzimos uma belíssima maquete para exposição em nossa sede principal, o que deixou professores e colaboradores do nosso pré-vestibular muito ansiosos com a nova etapa que estava por vir.

Apesar das obras ainda não terem iniciado, muitos detalhes já estavam avançados para a nova etapa, como o processo junto ao CEE (Conselho Estadual de Educação), e a nossa expectativa e nosso otimismo cresciam a cada dia. Nada podia nos preparar para o que aconteceria em seguida.

No decorrer do planejamento, descobrimos que o imóvel que estávamos prestes a ocupar tinha um grave problema. O proprietário cometera uma fraude e, junto com um comparsa da Prefeitura, conseguiu dar baixa em sua dívida histórica de IPTU pagando apenas uma fração do valor devido. Então, as certidões que nos foram apresentadas eram inválidas e nossa nova fase, já prestes a ser executada, estava comprometida.

O corretor nos ajudou a descobrir a fraude e passamos, juntos, a procurar uma solução. Fizemos um estudo do endereço dos nossos alunos e descobrimos que uma fatia considerável deles era proveniente de um populoso bairro na região continental da cidade. Foi aí que decidimos mudar de estratégia e passamos 17 dias desenvolvendo um novo Plano de Negócios para estudar a viabilidade de uma escola naquela região. Com esforço, trabalho e uma equipe de gestão competente, vencemos e implantamos nossa Instituição de Ensino nesse novo endereço; então passamos de 150 alunos para mais de 1.500 no Ensino Fundamental, Ensino Médio, Pré-Vestibular, Faculdade e Ensino Técnico.

A partir daquele novo momento, trabalhamos arduamente sempre com o objetivo de conquistar mais alunos, tendo em mente os eixos pedagógico, administrativo e financeiro, para sermos uma instituição de excelência e referência regional. Nesse período foi que começamos a estudar de forma mais profunda o processo de captação de alunos; então, fomos evoluindo até atingirmos um estado de excelência.

O Início do Digital

Foi em 2009 que começamos a trabalhar com o marketing educacional digital. Na época, muitas pessoas e escolas nunca tinham ouvido falar sobre o assunto. Naquele ano, tínhamos escola, faculdade, curso técnico, curso livre e curso de língua estrangeira, mas ainda nos faltava o ensino à distância.

Naquele ano, iniciamos uma ferramenta educacional online, que posso dizer que revolucionou a educação nas escolas onde foi implantada. Chamávamos de **Professor Particular Online** e o funcionamento era bastante simples, porém muito eficaz. Quando um aluno tinha uma dúvida sobre algum conteúdo visto em sala de aula, já em casa, acessava o sistema e entrava em uma espécie de caderno virtual, em que podia submeter um exercício, uma redação ou uma dúvida para receber sua resposta ou correção em até 24 horas.

O serviço foi um sucesso e se tornou um produto independente, sendo que essa independência fez com que entrássemos de cabeça no mundo do marketing digital. Nossa equipe se debruçou sobre o assunto e aprendeu sobre métricas e estratégias daquilo que era a única opção viável de divulgação de nossa nova plataforma.

Trazendo o online para o offline

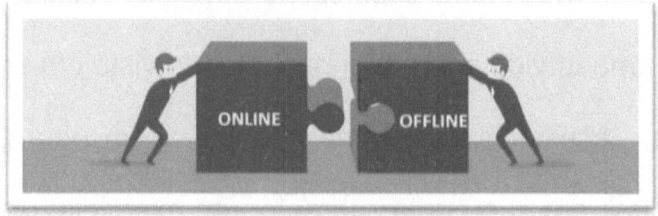

Enquanto isso, continuávamos com nossas estratégias de captação de alunos para nossos cursos presenciais e víamos que, a cada novo ciclo, o custo por aluno captado aumentava consideravelmente. Foi aí que resolvemos utilizar a expertise que havíamos aprendido no marketing digital e criar uma nova forma de captar alunos com um custo 70% menor e com um resultado 50% mais efetivo.

Já na primeira utilização desse método criado por nós, podemos dizer que tivemos o mesmo sentimento de quem inventou a roda, revolucionando os resultados e minimizando as dificuldades. Nesse novo cenário, vamos diretamente ao nosso cliente (responsável ou aluno), onde quer que ele esteja. Ao contrário de um anúncio em tv, cujo investimento é altíssimo e efêmero, além de "atingir formiga com bala de canhão", pois a maioria daqueles que assistem ao anúncio não fazem parte do nosso público.

Captação de alunos novos: matrículas todos os dias

Na minha vida de gestor escolar, mais especificadamente nas áreas administrativa e financeira, eu realmente já perdi muito tempo assistindo palestras e vídeos de pessoas que falavam sem prática, somente com a teoria, ou seja, pessoas que nunca administraram nenhuma Instituição de Ensino e estavam falando sobre como administrar uma, estavam falando sobre fluxo de caixa de uma escola, mas não sabiam o dia a dia de uma Instituição de Ensino, sem nenhuma vivência na gestão escolar.

"Não se pode criar experiências. É preciso passar por elas."

Albert Camus – Escritor Argelino.

Na minha análise, eu acredito que toda a instituição de ensino, independente do seu nicho, pode se tornar uma entidade campeã em captação de alunos.

O principal meio para captação de alunos é a internet, por intermédio de múltiplas plataformas. É somente através do marketing digital que a instituição de ensino poderá ter matrículas todos os dias, mas não basta anunciar; são três os pré-requisitos: operacionalização, organização e metodologia.

Para iniciar um marketing digital eficaz, a Instituição de Ensino deve entender que existem duas formas de se conquistar alunos pelo meio digital. São elas:

Orgânica: é a forma gratuita e natural de se obter visitantes à escola. Vamos dizer que um pai procure no Google pelo termo "Colégio de Educação Infantil no Jabaquara". O buscador vai exibir uma lista com alguns anúncios pagos e, em seguida, os sites mais relevantes referentes a essa procura. Ter um site que receba bem os visitantes e mostre o que eles procuram é fundamental para ser relevante nos buscadores.

Um outro exemplo são as redes sociais, como Facebook e Instagram. Um pai pode se encantar com uma postagem e querer que seu filho faça parte daquilo. É exatamente isto que as postagens devem semear nas pessoas: o desejo de pertencimento.

Paga: é a veiculação de anúncios na rede com dois objetivos possíveis. Um deles é gerar fixação de marca de forma que se crie uma imagem na comunidade sobre o que é a sua instituição. O outro, bastante objetivo, é captar *leads*, ou seja, dados de possíveis interessados para uma ação posterior via telefone, WhatsApp e e-mail.

O Facebook, no Brasil, tem 127 milhões de usuários ativos, segundo dados de 2018, e 90% usam a rede a partir de dispositivos móveis, principalmente o smartphone. No Facebook, é possível criar uma página da Instituição de Ensino, denominada *Fanpage*, divulgá-la e postar os conteúdos atrativos, tirar dúvidas, aumentar o contato entre os interessados, pais, responsáveis e alunos com a Instituição de Ensino.

As postagens orgânicas nessa rede, atualmente, não atingem muitos seguidores mesmo que você tenha muitas curtidas (fãs) na sua página. Mesmo assim, é válido criar constantemente postagens para que os visitantes diretos possam ser encantados pelo seu ambiente virtual. Porém não se engane, a forma efetiva de se obter *leads* é através de anúncios pagos do Facebook Ads. Citarei um pequeno exemplo: ano passado, na minha escola, conseguimos converter 40% dos *leads* conquistados, ou seja, de cada 10 *leads*, conseguíamos 4 matrículas. Naturalmente, esse é um número conquistado utilizando a nossa metodologia de criação e operacionalização de contato, que gera essa conversão altíssima.

O Facebook Ads possibilita um grande poder de segmentação, atingindo realmente o público certo, pessoas que realmente têm interesse na sua escola. Uma das instituições que recebeu nossa consultoria online obteve um aumento de 41,48% na quantidade de alunos do Ensino Médio. Eles possuíam 282 estudantes em 2017 e o número saltou para 399 no ano seguinte. Detalhe: somente com o Facebook Ads, sem nenhum outro tipo de veiculação de mídia.

AUMENTO DE 41,48%
NO NÚMERO DE ALUNOS

O Instagram também é uma rede social muito utilizada e a veiculação de anúncios nessa plataforma também se dá pelo Facebook Ads, pois a rede social de fotos foi adquirida pelo Facebook em 2012. Mesmo que se utilize o mesmo sistema de gerenciamento, você pode veicular apenas em uma ou outra rede, dependendo da sua estratégia.

O Instagram, assim como o Facebook, não distribui as postagens orgânicas de forma consistente e ampla, mesmo em contas com muitos seguidores. Somente os anúncios é que proporcionarão essa possibilidade. Uma das principais funcionalidades no Instagram são os *stories*, que são postagens que duram 24 horas nas propagandas postadas nesta modalidade. É o famoso "arrasta para cima", que você já deve ter escutado ou visto. São apenas 15 segundos de uma determinada postagem e, caso a pessoa tenha interesse, ela "arrasta para cima" e verifica o restante da propaganda.

No ano passado, nossa escola teve 7 matrículas resultantes de *leads* obtidos por anúncios veiculados no *stories* do Instagram. O anúncio foi bem específico, teve 7 *leads* e TODOS foram convertidos em matrículas. O CPC (Custo Por Clique) foi de apenas R$ 3,97. Vejam bem como uma metodologia bem aplicada gera resultados extraordinários: tivemos 7 matrículas com anuidades no valor total de R$ 83.076,00, com um investimento de apenas R$ 27,79. Realmente números impressionantes de custo benefício em marketing digital educacional.

O Poder do WhatsApp

O WhatsApp é o aplicativo para smartphones mais utilizado pelos brasileiros. No dia-a-dia, as pessoas sempre encaminham notícias, memes, fotos e piadas. Então, por que não vender matrículas pelo WhatsApp?

O grande segredo e base para a utilização do WhatsApp na Instituição de Ensino é construir a sua audiência através do Facebook e Instagram. Com criatividade e inteligência, você explora o melhor de cada plataforma e obtém os seus *leads*. Então, otimiza seu plano de vendas pelo WhatsApp. A estratégia de comunicação também tem que agir paralelamente a uma metodologia de atuação de conversação com o interessado nos modos ativo e passivo. Você deve ter objetivos bem definidos de conversão.

Lembre-se que sua instituição de ensino deverá utilizar o WhatsApp Business, que é uma versão voltada para empresas e possui uma série de funcionalidades para você vender matrículas e pode até ser cadastrada a partir de um telefone fixo.

O WhatsApp é a fase final da conquista de matrículas. Vamos recapitular: você efetuou os anúncios; levou o interessado até sua *landing page* e obteve o cadastro; entrou em contato pelo WhatsApp para trazê-lo a escola. A partir daí é só fechar a matrícula!

Hoje, as ligações telefônicas estão cada vez mais escassas para a captação de alunos, e a comunicação através do WhatsApp se tornou a principal modalidade de contato porque é assíncrona e o *lead* pode responder quando estiver disponível.

RETENÇÃO DE ALUNOS - *A IMPORTÂNCIA DA REMATRÍCULA*

A rematrícula é algo tão importante quanto a matrícula, sendo que quanto maior o número de rematrículas, menor será o número de novas matrículas para serem captadas, ou seja, estão proporcionalmente ligadas.

Muitas instituições de ensino não se preocupam com a rematrícula; pensam somente nas matrículas e não fazem um endomarketing eficaz, esquecendo-se que manter um aluno é muito mais barato do que conquistar um novo.

O percentual ideal de rematrículas em uma escola de Ensino Infantil, Fundamental ou Médio é de 90%. Isso mesmo, 90%! Caso a sua escola tenha um percentual menor, significa que há espaço para melhorar em relação à gestão administrativa, pedagógica ou financeira.

META: 90% DE REMATRÍCULAS

Lembre-se que trocar de escola deve ser exceção! Você deve trabalhar para não perder nenhum aluno, a não ser, claro, os casos de mudança de endereço ou inadimplentes contumazes.

Saiba que as estratégias utilizadas para a retenção de alunos em escolas, cursos livres, polos de EAD e faculdades têm aspectos diferentes umas das outras, pois são públicos distintos. Porém, algumas das melhores práticas para retenção de alunos comuns a todos os nichos são:

1) Facilidade de realização da rematrícula.

A instituição deve usar a técnica do impulso para garantir que a rematrícula seja efetuada. Não pode haver burocracia ou dificuldade para a realização da rematrícula.

2) Criar vínculos com os alunos.

Bem antes de iniciar o período de rematrícula, a escola deve criar, através de um profissional específico, uma relação de confiança com seus alunos. No período de rematrícula, a confiança já terá sido conquistada e será mais fácil para esse profissional efetuar visitas às salas (ou assinar mensagens, no caso de EAD) convencendo os estudantes que continuar naquela instituição é a melhor opção. Esse profissional pode ser um diretor, coordenador, orientador ou até professor. O importante é que seja alguém com carisma.

3) Ações constantes de endomarketing.

Lembrar sempre aos alunos acerca dos diferenciais de sua instituição, através de ações perenes, procurando fazer com que os estudantes tenham orgulho de fazerem parte da escola.

4) Aplicativo da escola

É inadmissível que uma instituição atual não possua uma forma de contato direto com os alunos ou responsáveis por intermédio de aplicativo móvel. O relacionamento através dessa tecnologia é comprovadamente um dos grandes diferenciais de comunicação com as famílias, e é fundamental para que sejam enviados textos impactantes convencendo da importância da rematrícula e explicando eventuais questões operacionais.

Esses ingredientes, trabalhados de uma forma correta, garantirão uma rematrícula de 90% e, consequentemente, a meta de uma ocupação de até 100% das vagas no ano seguinte.

Ano passado, fiz uma consultoria para um curso livre, mais especificamente um curso preparatório para a OAB – Ordem dos Advogados do Brasil. No Brasil, após o aluno se formar em direito, não é automaticamente considerado advogado, pois para exercer essa profissão, é necessário, antes, realizar a prova da sua entidade de classe, a OAB e, se for aprovado, aí, sim, poderá exercer a advocacia.

Então, com a popularização dos cursos de Direito, criou-se um nicho de mercado específico de preparação para a prova da OAB, que se tornou uma espécie de "segundo vestibular" para os formados na área.

Nessa instituição que realizei a consultoria, o gestor vislumbrou a possibilidade de continuar com esses alunos mesmo após eles serem aprovados na OAB, mas não sabia muito bem como poderia implementar essa ideia. Na ocasião, ajudei na definição dos tipos e títulos de curso que poderiam gerar mais interesse e, também mencionei três dicas fundamentais para fidelizar esses alunos:

1. *O curso ofertar uma vantagem ou benefício de forma que o aluno se sinta como que na "obrigação" de retribuir essa cortesia.*

2. *Realizar eventos e atividades diferenciadas, os famosos "aulões", pois são ótimas opções de variar as opções do curso, estimular a interação social e aumentar a sociabilidade entre as pessoas.*

3. *O marketing sensorial, ambiente sempre com odor especialmente agradável, as pessoas ficam dispostas a permanecer mais tempo no local. Da mesma forma, se as cores do lugar são adequadas, o resultado é um impacto psicológico positivo, gerando motivação, entusiasmo.*

São pequenos pontos e, analisando a tipicidade de cada operacionalização, conseguimos auxiliar na melhora e achar definitivamente o caminho do sucesso. Nesse exemplo do curso preparatório, de 129 alunos que estavam fazendo o curso, foram convertidos 44 para o outro curso, denominado "Como Montar um Escritório de Advocacia com Pouco Dinheiro".

Retenção de Alunos em Polos de EAD e Faculdades

Entre as instituições que mais sofrem com a dificuldade de reter alunos, estão os polos de EAD e faculdades. É bem comum vermos polos fecharem por falta de aluno e as estatísticas mostram que apenas um em cada quatro alunos irá se graduar.

Os três motivos principais dos alunos que desistem, cancelam ou trancam a matrícula são:

Desgaste no relacionamento com a Instituição.

- A escola não faz uma gestão eficaz da sua relação com o aluno. Não busca encantá-lo.

Decepção com o aluno em relação ao curso escolhido

- Talvez esse seja o motivo em que a instituição tem menos forma de atuar. O trabalho deve ser para mudar de curso e não desistir do ensino superior.

Uma oferta melhor em uma instituição concorrente.

- A relação com a escola não pode se basear apenas no preço da mensalidade. A escola deve investir em atrativos que façam o aluno sequer pensar em trocar de instituição.

Fizemos uma consultoria em um polo de EAD em que a desistência no primeiro semestre era de mais de 40%. Então, realizamos um estudo quanto às práticas administrativas, financeiras e operacionais do dia-a-dia do polo. Com algumas alterações pontuais, conseguimos reverter a situação e diminuir essa desistência para apenas 14% **em apenas um semestre**. Estudos indicam que reter um aluno custa de cinco a vinte vezes menos que captar um novo aluno.

DE 40% DE DESISTÊNCIA PARA

14% EM APENAS UM SEMESTRE

A rematrícula na minha Instituição foi de 90% e na sua?

Você sabia que, entre 2013 e 2018, houve o fechamento de 318 escolas particulares somente no Estado do Rio de Janeiro? No mesmo período, outras 220 escolas particulares foram fechadas no Estado do Ceará. Números alarmantes, mas que poderiam não ter acontecido, pois o principal motivo dessa cascata de fechamentos foi a inadimplência, um fator que pode ser controlado facilmente.

318 escolas FECHADAS

Não importa o nicho da Instituição de Ensino, seja Infantil, Ensino Fundamental, escola de Ensino Médio, curso de língua estrangeira, curso pré-vestibular, polo de EAD ou faculdade. O combate constante à inadimplência é comum a todos. A Instituição de Ensino é igual a qualquer outra empresa, precisa dar lucro, pois precisa pagar os seus custos mensais e ter um fluxo de caixa para novos investimentos.

Muitas pessoas me perguntam qual a inadimplência ideal em uma Instituição de Ensino. É claro que o ideal seria nenhuma inadimplência, mas sabemos que isso não existe na prática. Então, pelas análises que tenho realizado, o inadimplemento flutuante deve ficar no máximo, em 2,7%, quando se realiza uma administração efetiva.

Possuir 5% de inadimplência é administrável, mas denota algum erro de condução. Agora, uma inadimplência acima dos 10% se traduz em um controle administrativo-financeiro totalmente incorreto no âmbito da cobrança de mensalidades.

O combate a inadimplência é um dos maiores desafios de um gestor educacional, pois o controle da situação financeira é imprescindível para a saúde de uma Instituição de Ensino. Entretanto, também é relativamente simples de ser corrigido.

Há alguns anos, fui procurado por uma faculdade, cuja inadimplência beirava 41,7% a cada mês. Realmente um percentual absurdo que comprometia totalmente o fluxo de caixa, o pagamento dos funcionários e qualquer investimento. A faculdade apenas sobrevivia em função de ter realizado um contrato com um banco que aportava uma quantia equivalente a folha de pagamento da instituição sempre no primeiro dia de cada mês. Naturalmente, por uma falta de controle de recebimentos, a faculdade se afundava cada vez mais em juros e em endividamento.

Foi um pouco difícil aplicar o meu método de forma direta, pois havia uma cultura de não pagamento e atraso entre os alunos. Mesmo assim, conseguimos reduzir o índice pela metade, chegando a 19,9% em um semestre, com reduções mês-a-mês até que atingimos 8,9% em três semestres de trabalho.

Mesmo assim, para atingir o equilíbrio financeiro, a faculdade teve que se desfazer de alguns ativos para quitar a estratosférica dívida bancária. Hoje, com a mudança de cultura que implementamos, a instituição não passa de 7% de inadimplência e consegue cobrar quase todos os alunos na virada do semestre.

Um dos fundamentos do meu método é inserir no contrato uma cláusula acerca do protesto de título ou inserção de cadastro de devedores em serviços de proteção ao crédito. O outro pilar está relacionado a conceder um desconto para pagamento em dia. Combinar esses dois métodos de forma correta resolve a inadimplência de qualquer escola.

E AGORA?

Agora, você tem algumas informações que podem ajudá-lo a transformar sua Instituição de Ensino em uma máquina de matrículas e ainda resolver de forma definitiva o seu problema de inadimplência. Com a minha metodologia, em pouco tempo, você conseguirá direcionar a sua Instituição de Ensino para outro patamar.

Apesar da sua Instituição de Ensino, certamente, ter muitos pontos positivos, lembre-se que você pode e deve aprender sempre. Meu objetivo é simples: repassar conhecimentos que adquiri em mais de 22 anos, como um meio para ajudá-lo a gerar mais receita para a sua Instituição de Ensino.

Se você entendeu que sua gestão educacional pode melhorar muito com minhas dicas, parabéns! É agora o momento de colocar a sua Instituição de Ensino em outro nível.

Saiba mais, fale comigo:

 https://www.instagram.com/rkalthoff

 https://br.linkedin.com/in/ricardo-althoff-16429145

 ricardo@prospectaeducacao.com.br